LA GUERRA DEI BAR

Sopravvivere e prosperare in un mondo pieno di concorrenza

TONY VITANOVA

INTRODUZIONE

Questa guida è stata scritta per aiutare tutti i possessori di bar d'Italia a prosperare e a vivere una vita di soddisfazioni. Premetto subito che in un mondo dove aprono selvaggiamente bar, bisogna esser pronti ad uscire dalla classica concezione di bar. Il bar è il primo scalino dell'imprenditoria della ristorazione e leggendo questa guida, dovete esser pronti a far prendere strade nuove al vostro locale, che sia una nuova avventura o un bar avviato, tenetevi pronti e buona lettura.

*Alla fine del libro metterò a disposizione il mio numero Whatsapp, alla parola d'ordine "**guerra dei bar**" risponderò alle vostre domande e se avete bisogno di consigli sarò lieto di rendermi utile.*

Per lavoro, partecipo all'apertura di centinaia di bar l'anno, sono una sorta di ginecologo e ostetrico dei bar: la gente che vuole aprire un bar viene da me con un'idea, io gli realizzo materialmente il locale, fornendogli prima di tutto un bancone su misura, tavoli, sedie e attrezzature varie. Il mio lavoro non finisce qui, perché l'obiettivo primario è quello di fare in modo che in pochi anni, le persone che hanno aperto il bar con me, aprano un secondo e poi un terzo bar, seguendo il format che abbiamo messo a puntino durante questo periodo.

Ma la guerra è guerra anche per i miei clienti, ne vedo aprire centinaia l'anno e ne vedo chiudere molti entro i primi 8-16 mesi di attività. Quasi tutti avevano voluto aprire il classico modello di bar, senza cucina o nemmeno un piccolo laboratorio per la preparazione dei freddi o la farcitura dei cornetti.

Da quando metto vetrine fredde e un minimo di laboratorio a tutti i banconi, il tasso di successo delle attività è aumentato notevolmente, mentre i classici bar da somministrazione e stappa e versa, a meno che non sono situati in posizioni strategiche e hanno alle spalle una buona intelligenza commerciale e qualcuno che sa farsi bene i conti, rischiano quotidianamente la chiusura.

Sappiamo tutti che per avviare un bar non c'è bisogno di particolari attrezzature, cucinino o laboratorio, in quanto è al 95% un lavoro di somministrazione di cibi e bevande pronte al consumo; ma le cose stanno cambiando, molti bar aprono, molti chiudono e chi rimane in piedi dopo la carneficina, è proprio chi ha capito l'essenza del bar. **Il bar è una piccola attività ristorativa.**

Ormai ne ho viste talmente tante, in ambito bar, che ho sviluppato un dono: riesco a capire quanti mesi di vita sono rimasti all'attuale gestione di un bar e con quanti mila euro di debiti chiuderà.

Questa guida è molto utile sia a chi sta dietro al bancone da una vita, si è ritrovato all'improvviso travolto dai tempi che cambiano e circondato da 2000 bar nuovi, sia da chi sta appena incominciando questa bellissima avventura, perché diciamocelo, avere un bar potrebbe essere la svolta della tua vita.

Come ho detto, ho a che fare con i bar tutti i giorni e tutti i giorni, li progetto, realizzo e consegno e seguo regolarmente il loro sviluppo. Ma la mia prima esperienza con un bar vero e proprio l'ho avuta a 8 anni, quando l'estate cominciai a "lavorare" nel bar di paese. Ogni estate mi davo da fare e il mio sogno era quello di aprire un bar.

La mattina alle 7:30 aspettavo l'arrivo del titolare, mi offriva la colazione e mi faceva fare dei lavoretti, prima sistemando il terrazzo, poi la sala e poi dietro il bancone, poi portavo la colazione alla piccola fabbrica di statuette votive , compravo i giornali e al ritorno riportavo le sigarette al titolare e ai primi clienti, era il 1993. Da quel giorno ho sempre avuto a che fare con bar e aziende della ristorazione, per diversi anni ho fatto il rappresentante di prodotti per i bar e alcolici fino circa i 23 anni, ora sono nell'industria dell'arredamento commerciale per la ristorazione e contribuisco all'apertura di bar, risto bar, bar tabacchi , wine-bar e compagnia bella, in tutta Europa.

Ma cominciamo subito nel parlare della causa di tutti i mali, perché avere un bar di questi tempi non è più come una volta.

LA CAUSA DI TUTTI I MALI:TUTTI POSSONO APRIRE UN BAR

Avere un bar ai tempi odierni non è più come una volta, e lo si capisce subito anche da come vengono arredati. Anni fa, aprire un bar non era facile come oggi, ci volevano le licenze e una volta ottenute, a caro prezzo, si spendeva l'equivalente di 80.000 Euro solo per arredarlo. Questo perché avviare un bar era un vero e proprio business.

Ora , visto che non c'è più bisogno di possedere licenze speciali per aprire un bar e i produttori di arredi commerciali hanno macchinari a controllo numerico e software per la progettazione in 3d dei locali e tecnologici di nuova generazione a buon mercato , i costi si sono abbassati notevolmente , quindi,**tutti possono permettersi di aprire un bar**.

Di positivo, in tutte queste nuove aperture, è che ogni anno i bar che rimangono attivi, hanno un miglioramento qualitativo notevole perché si adeguano ai tempi e propongono sempre qualcosa di nuovo. Chi non si aggiorna, anche se è aperto da 40 anni, presto sarà costretto a svendere ai cinesi o darlo in gestione a qualcuno che presto o tardi non ce la farà neppure più a pagare, portandovi il locale in rovina .

Con questo non voglio scoraggiare nessuno, ma solo farvi capire che se volete aprire un nuovo bar o se volete mantenere una posizione dominante con il vostro locale storico, dovete rinnovarvi continuamente e mantenere alta la qualità.

Non cedete alla tentazione della guerra dei prezzi a ribasso: è il primo passo per mandare in malora un'attività ristorativa.

Ora di positivo, c'è:

non hai bisogno di licenze particolari per aprire un bar , rispetto al passato

banconi, tecnologici , attrezzature, tavoli e sedie sono a buon mercato

corsi di formazione a pagamento, sono di ottima qualità e vi permettono di partire già con una base, che poi andrete a migliorare con il tempo.

Su internet ci sono tantissime informazioni, video dimostrativi e profili di barman di successo che mostrano come essere continuamente aggiornati.

I clienti sono molto ricettivi ai cambiamenti e alle novità

QUANTI CE LA FANNO VERAMENTE?

Nel capitolo precedente vi ho accennato al fatto che è molto facile avviare un bar di questi tempi, perché non c'è bisogno di essere in possesso di licenze speciali (come ad esempio ora i tabaccai) e perché è possibile acquistare banchi, arredo e macchine a buon mercato. Ma non ho detto che è facile ne gestirlo e neppure farci il big money.

Molti bar che mi commissionano, non reggono neppure 8 mesi, altri lo tengono aperto a forza finché non perdono tutti i risparmi del lavoro precedente, altri invece decollano già dall'inaugurazione e entro il terzo anno mi ricontattano per aprire il secondo bar o un piccolo ristorante, in una posizione più strategica o nella città più popolata della loro provincia, città , regione. L'obiettivo di molti di loro è vendere bar, non caffè, e ce la fanno veramente.

Cosa differenzia quelli che non ce la fanno da quelli che vanno alla grande fin da subito?

Avendo un'azienda che si occupa della realizzazione di banchi bar su misura e avendo una linea accessibile veramente a tutti (basta che cercate Arredo Linea Vitanova), ogni settimana consegniamo dai 4 ai 6 locali completi, di tutti i budget e in tutta Italia.

Con il passare degli anni sono riuscito a farmi un'idea chiara e precisa sul perché alcuni prosperano e altri chiudono e sono arrivato al punto di capirlo già in fase di preventivo, se una gestione è destinata a chiudere o meno.

I punti in comune che hanno tutti i bar che chiudono prima dello scadere della garanzia delle macchine sono un mix di alcuni di questi motivi :

volevano aprire un bar semplice senza tante pretese e senza specialità

non hanno scelto la zona giusta ma hanno preso il locale che potevano permettersi o quello che costava meno

il locale non aveva ne magazzino e neppure un laboratorio che successivamente sarebbe potuto diventare una cucina vera e propria

offrono solo prodotti confezionati e stappa e versa

fanno credito ai clienti e pagano dilazionato ai fornitori (mix micidiale)

hanno dato troppa corda ai rappresentanti e si sono riempiti il magazzino di merce difficile da vendere e che dovranno pagare con i margini di guadagno dei prodotti che lavorano bene

Pensavano che bastava mettere uno zoccolone dietro al bancone per fare il cash

Pensavano che i soldi della cassa erano tutti "utili"

titolare assente e locale in mano a persone poco competenti, scontrose o poco oneste

lite tra soci (motivo numero 1)

non hanno investito nemmeno un euro in corsi si formazione o di aggiornamento, ma si sono comunque comprati il nuovo iphone

si sono fossilizzati sui soliti prodotti dei soliti fornitori

hanno fatto quello che facevano tutti, senza dare personalità al locale

hanno scelto un locale limitato che non gli permetteva di poter realizzare un piccolo menù di panini speciali o pasti caldi.

Non si sono posti obiettivi da raggiungere ma campavano alla giornata

Non hanno creato rapporti commerciali fuori dal bar, ovvero erano inutili per tutti gli uffici, aziende e scuole del quartiere.

Non avevano la pagina FB aggiornata del locale

Non avevano inserito la propria attività in **GOOGLE MY BUSINESS**

Non erano portati e tanto meno si sono sforzati per lavorare a contatto con la gente

i prodotti in esposizione erano di pessimo aspetto o disposti in maniera poco appetibile.

Più avanti cercherò di approfondire questi punti singolarmente, per ora racchiudiamoli tutti in questa frase:

BAR CHE CHIUDONO, CHIUDONO PERCHÉ NON SANNO FARSI I CONTI, NON SANNO DI AVERE UN'ATTIVITÀ RISTORATIVA E OFFRONO PRODOTTI DI SCARSA QUALITÀ O ESPOSTI IN MODO CHE LO SEMBRINO.

Perché mentre molti chiudono, altri creano un piccolo impero?

La risposta breve è perché ci sanno fare, sanno rinnovarsi e fare bene i conti per non entrare in situazioni debitorie evitabili.

Questo porta loro a chiudere ogni settimana in positivo, avere un piano delle spese da fare e dei nuovi prodotti da acquistare, sanno quali prodotti vanno e quali no, sanno quanto margine hanno per ogni prodotto e lavorano costantemente per offrire prodotti di qualità con buoni margini di guadagno.

Molto spesso sono quei ragazzi che vengono presi in giro dai veterani, perché magari decidono di frequentare un corso molto costoso su cose che si fanno tutti i giorni, intanto però il mese dopo il giovanotto fa cappuccini artistici, posta l'immagine su facebook o instagram e il suo bar aumenta di popolarità e qualità percepita, mentre i veterani che lo avevano giudicato continuano a purgare la gente a colazione come fanno da 40 anni.

I locali che vanno ala grande, ogni 5 anni rinnovano il design, magari a cicli di 10 anni, la prima volta si rifanno l'intero locale, poi dopo 5 anni cambiano colore e materiali alla parete del retro banco, rivestono il bancone con un materiale più moderno e 3-5 anni dopo ricambiano totalmente l'arredo del locale. Tavoli e sedie, ai primi cenni di usura vengono rimpiazzati con modelli più recenti, magari aggiungono qualche divanetto oppure invece di rinnovare totalmente, decidono di dare una rinfrescata all'aspetto interno del locale aggiungendo implementazioni come una pergo-tenda esterna che funziona sia in inverno che in estate. E sapete cosa? Con un po' di cervello e buon gusto, un baretto diventa in pochi anni un locale di tendenza, capace addirittura di muovere la movida cittadina.

Se le cose vanno bene, non riposarti sugli allori, ecco un esempio molto valido:

Facciamo l'esempio del centro di Pescara, la movida notturna era concentrata solo nel corso del centro, per via degli ottimi locali che hanno colonizzato per prima quel territorio. Negli anni successivi, tutta la zona era satura di locali e i prezzi degli affitti divennero esorbitanti e i locali di quella zona, invece di cooperare, cominciarono a fare la guerra a ribasso,facendo calare la qualità media percepita di servizi offerti in zona.Poi ,a poche centinaia di metri di distanza, incominciarono ad aprire dei locali di qualità superiore ed innovativi, aprirono a prezzi di avvio molto inferiori rispetto agli ultimi arrivati in quella ex zona calda della vita notturna. Indovinate cosa è successo?

Il baricentro della vita notturna si è spostato nella nuova zona di quei locali aperti poco , in pochi mesi si riempì di nuove attività e la gente cominciò a snobbare totalmente il vecchio Corso del centro cittadino. Cosa sarebbe successo se al vecchio Corso, i locali avrebbero portato continuamente novità e qualità? Molto probabilmente la movida non si sarebbe spostata di un metro .Con questo esempio voglio farti capire che ,se le cose vanno bene al tuo locale, questo non vuol dire che ti puoi riposare sugli allori, un bar o un locale che serve drinks, aperitivi ecc ecc è in guerra continua e bisogna usare sempre la testa.

Cosa puoi fare per evitare di trasformare il tuo sogno nel tuo peggior incubo?

Non c'è una formula magica che trasformi un'idea imprenditoriale in un successo totale, ma l'evitabile è noto a tutti.

Il problema numero uno tra avere un bar e non arrivare a fine mese e avere un bar che genera utili e ti risolve i problemi, **è la tua situazione debitoria.**

Meno debiti, rate e finanziamenti si hanno attivi e più alta è la percentuale di utile del vostro incasso. Sembra elementare, ma non a tutti sembra chiara la cosa, sopratutto per le nuove aperture.

La mia esperienza nel settore delle aperture dei nuovi locali, mi ha sempre dimostrato che chi si indebitava all'apertura, si indebitava fino alla chiusura.

L'obiettivo numero uno per l'apertura di un locale è **fare quel che si può**.

Se vi potete permettere un bancone da da 9.900 euro e 1.400 euro di tavoli e sedie, non vi fate un bar da 70.000 euro che pagherete come il mutuo della casa. Si possono avere bar completi di tecnologici all'avanguardia anche con budget ristretti, l'importante è alzare la prima volta la saracinesca, senza il pensiero di dover scalare una montagna per arrivare ai primi 1.000 euro in positivo.

Cosa succede quando avete troppe cose da pagare durante il mese? Che cominciate a comprare cornetti di merda, alcolici da discount e ogni cosa che va sostituita, rimane li in attesa del primo commento negativo su Tripadvisor.

Ricordo a tutti , basta un selfie nel tuo locale che inquadra per sbaglio qualcosa che non va, che vi rovinate la reputazione. Una volta che avete un bancone e arredi semplici e di bell'aspetto , con tecnologici scelti intelligentemente, una bella finitura alle pareti , è fatta.

Alla gente interessa consumare ottimo cibo, caffè, bevande e passare momenti piacevoli prima di tornare alla quotidianità. Quindi, anche se è vero che chi più investe più guadagna, se superate le vostre possibilità ,lavorerete solo per pagare le rate,le tasse e gli stipendi.

Cosa hanno in comune tra loro i locali che chiudono i battenti?

Per farla breve, i locali che chiudono hanno un mix di queste cose in comune tra loro:

sono in un posto sbagliato, assenza di passaggio di pedoni e poco accessibili con la macchina o in una zona senza parcheggi, oppure in una zona residenziale di un quartiere "dormitorio" dove di giorno ci sono solo disoccupati e piantagrane. (In questo caso, come target sceglierei pensionati,colf-badanti e persone affamate al ritorno da lavoro. Ma è sempre un'apertura a rischio)

puntano al target sbagliato : esempio, aprire un cocktail bar in un luogo dove ci sono solo uffici, scuole , centri per analisi del sangue, le poste e il municipio. In questo caso investirei anche mia madre sulle colazioni, ricreazioni , pranzi veloci e nello step successivo inserirei anche tabacchi e valori bollati , aggiungo che chiuderei in tardo pomeriggio senza rimorsi e senza pagare il personale per una fascia oraria morta per quella zona.

Prodotti esposti male o poco visibili

servizio scadente

locale piccolo con "retrobottega" inesistente che impedisce di adeguare il bar in qualcosa di evoluto nel tempo o di approfittare di futuri cambiamenti del territorio, ad esempio apertura di nuova discoteca nei paraggi o di uffici, nuova scuola ecc ecc.

non hanno mai investito sulla formazione e una volta imparato a fare un caffè o cocktail sufficientemente buono, non hanno pensato di migliorare la qualità o introdurre cose nuove.

Scelta dei prezzi errata, troppo bassi o troppo cari.

periodo necessario per rientrare nelle spese di avviamento troppo lungo e successiva perdita di entusiasmo.

Sulla perdita di entusiasmo

La perdita di entusiasmo può rovinare in pochi mesi la tua attività , a volte si perde l'entusiasmo anche quando le cose vanno bene e all'improvviso si comincia a trascurare i dettagli, la clientela e noi stessi. In genere la perdita di entusiasmo è conseguenza di tutti i lavori ripetitivi e svolti per lungo tempo, ed essendo il bar, un'attività basata sui volumi e la mole di lavoro, è scontato avere a che fare con il servire sempre le solite cose, fare i soliti movimenti e sentire i soliti discorsi. È fisiologico perdere l'entusiasmo in queste condizioni, ma è un fattore positivo, perché non appena perdiamo l'entusiasmo, vuol dire che dobbiamo portare dei cambiamenti, anche piccoli, per ritrovare piacere nel fare le cose. Il bello è che se non ignoriamo i segnali e interveniamo subito , ci basteranno dei piccoli cambiamenti per portare aria fresca nel locale.

Se invece ignoriamo questi campanelli d'allarme troppo a lungo,prima o poi anche i clienti, che rispetto a voi passano meno tempo dentro il locale, cominceranno a percepire le cose che non vanno e a farvele notare.

È brutto per la clientela alzarsi la mattina, andare a fare colazione al bar, ritrovarsi un muso lungo flagellato dalla routine e i cornetti che son rimasti nuovamente troppo tempo nel forno per mancanza di entusiasmo e poca motivazione nel lavorare bene.

Questo è un buon metodo per vedere sparire i clienti e rimanere in compagnia di delle alte spese fisse.

Se in quella strada ci sono 90 bar, la gente continua a scegliere il migliore o quello più adatto al target di appartenenza.

In un mondo pieno di bar, dove anche nei paesi di 1000 abitanti ce ne sono 20, la gente non è che si distribuisce matematicamente ad ogni bar per non fare un torto a nessuno. La gente va direttamente nel bar che reputa migliore, se non ce ne sono vicino casa sua, non è che va dal meno peggiore, va al migliore del quartiere o del paese affianco, 5 minuti di macchina ed entra in un locale che considera al Top.

La gente è disposta anche a prendere la macchina per andare ad una farmacia che preferisce, nonostante ha 2 farmacie nel proprio quartiere e le medicine sono tutte uguali. Figuriamoci per un buon bar cosa è disposta a fare!

Il vostro obiettivo è quello di offrire il miglior servizio e di essere appetibili per il target di persone più redditizio della vostra zona e spesso sia le persone che i target di riferimento cambiano, e voi dovete essere pronti a recepire i primi segnali.

Quanti di voi conoscono bar storici, che quando eravate piccoli erano i bar di tendenza e bisognava fare la fila per magiare un gelato o prendere qualsiasi altra cosa?

Recentemente ci siete capitati per caso e vedete che sono ancora arredati nello stesso modo, parti laccate di arredo opacizzate, la vetrina gelato riempita a metà perché ormai non ci va più nessuno, qualche cornetto moscio avanzato dalle colazioni e le vecchie foto scolorite attaccate al muro, di quando Pippo Baudo o Fiorello entrarono in quel locale ai tempi d'oro.

Ora il locale, palesemente in stato terminale, ha bisogno di essere rinnovato. E vi garantisco che un arredamento moderno economico è qualitativamente e visivamente superiore ad un vecchio bar da 100 milioni di lire e che , nella durata totale di vita di questo bar, da quando navigava nell'oro a quando chiude dopo 15 anni di stenti, il proprietario esce dal gioco senza un soldo da parte.Tutti i risparmi accumulati dei bei tempi sono stati utilizzati per far sopravvivere la vecchia gallina dalle uova d'oro che aveva smesso di deporre.

Il vostro bar , allo stato attuale è in fase crescente o in fase calante? Sentite nell'aria il bisogno di rinnovare ma non sapete dove metter mano o per voi il vostro vecchio locale è "perfetto" e a farvelo notare sono solo i dipendenti, clienti e parenti stretti?

Fatelo un piccolo esamino di coscienza e valutate se è meglio dare una rinfrescata all'ambiente e frequentare qualche corso professionale per imparare nuove skills, o se forse per ritrovare l'entusiasmo è meglio spostarsi altrove e ricominciare da capo.

Per mestiere faccio questo lavoro ogni santo giorno della mia vita e ho a che fare sia con nuove aperture che con rinnovi di vecchi locali storici in fase calante.

Sia per le nuove aperture che per i rinnovi totali di vecchi cavalli da corsa, propongo banconi lineari, semplici da gestire e con vetrine che espongono prodotti proprio sotto il naso dei clienti, altrimenti la gente non compra, tra poco approfondirò anche l'aspetto espositivo delle vostre vetrine che è di fondamentale importanza per avviare un locale di successo.

Cosa fare se aprono tanti bar vicino al tuo

come ho detto all'inizio, ora chiunque può aprire un bar e non c'è più bisogno di entrare prima in possesso di una licenza. Per questo motivo, è inevitabile che prima o poi anche il tuo nuovo bar, sarà circondato da concorrenti.

Non andare nel panico, in molti casi, è una situazione temporanea e se ti impegni a curare la qualità del tuo servizio, dei prodotti e del design interno, la gente continuerà a scegliere il tuo bar.

Molte delle nuove aperture che tanto temi, fanno parte di quei locali "meteora" che stanno aperti per un po' e poi chiudono o vengono presi in gestione all'infinito.

L'unico modo per difendersi dalla minaccia delle nuove aperture è quello di rinnovare e rimettersi in gioco continuamente, aggiungendo un qualcosa ogni anno ed eliminando quello che ai tempi odierni è obsoleto.

In una zona satura di bar, dove ci sono 20 bar in 4 strade , di cui 2 storici che fanno bene il loro lavoro e che portano sempre novità, i 2 bar storici magari sono obbligati a fare investimenti continui e corsi di aggiornamento per rimanere i più scelti nel territorio, ma gli altri 18 bar aprono e chiudono di continuo.

A Cerveteri , dove ci sono 2 miei clienti storici che fanno un lavoro lodevole, i bar più sfigati hanno cambiato gestione anche 17 volte in 8 anni. Avete idea di quanti soldi son stati spesi in rinnovi in queste 17 gestioni? Nemmeno un decimo di quello che hanno investito quei 2 bar, che funzionano bene, per adeguarsi ai tempi e rimanere sempre al top.

Quindi è molto meno costoso essere i numeri uno che avere il bar peggiore della zona.

Fai capire chi comanda!

L'unico modo per essere i numeri uno è quello di frequentare costantemente corsi di formazione, anche se vi reputate ormai i guru del caffè, c'è sempre qualcosa da imparare e nuove tecniche, prodotti e lavorazioni da proporre al pubblico. Più corsi di formazione frequentate, più nuove cose aggiungete alla vostra offerta e più persone entrerannonel vostro target.

Più persone vengono al vostro bar e più…. ? Mi suggerite - soldi facciamo!- si è esatto! Ma prima di raccogliere le monete dobbiamo fare delle piccole modifiche al nostro locale. Perché è proprio quando il vostro locale incomincia a fare i numeri, che la gente si aspetta degli ampliamenti, miglioramenti o un aumento dei posti a sedere.

Non vuole aspettare 2 ore per essere servita nei momenti di punta e magari vuole un trattamento speciale perché sa che ha contribuito al vostro nuovo benessere.

Quindi è in questo momento che vi dovete giocare bene le carte. In alcuni bar, ve la cavate con qualche arredo da esterno, qualche fioriera e ombrelloni curvi di un certo livello, scordatevi tavoli sedie e ombrelloni dei gelati industriali!

In altri casi è più opportuno ricorrere ad una piccola pergo-tenda 4 stagioni, o se il suolo pubblico non vi basta,prendersi il locale adiacente , sfondare il muro e allestire una sala. Tutto dipende da quanto grande è il locale e da quanto suolo pubblico decente si ha a disposizione per estendere esternamente la sala.

Se il vostro locale è molto spazioso, potete limitarvi ad abbellire la sala, ma prendere il suolo pubblico al di fuori del locale è il primo colpo al cuore che andrebbe inflitto alla concorrenza, della serie :- apri apri, io apparecchio anche per i tuoi clienti!-

Stesso discorso se siete voi ad aprire per ultimi in una zona già piena di attività storiche, entrate a gamba tesa e fate vedere chi comanda! Partire da ZERO con pochi servizi e pochi prodotti, in una zona ad alta densità di locali è una missione suicida.

Fatti una cucina e/o laboratorio!

Ora che avete ampliato l'area per ospitare più clienti, non potete passare la vita a stappare crodini o a portare birra e noccioline a tutti. Se siete un semplice bar con la sola licenza di somministrazione e avete la fortuna di avere uno spazio sufficiente nel retrobottega, da trasformare in laboratorio per la preparazione di freddi, panini, piadine ecc ecc, fatelo, se potete trasformarlo in una cucina vera e propria, meglio ancora!

I locali che hanno più successo, di questi tempi, sono proprio attività che si sono ampliate e che hanno cominciato a offrire un servizio a 360° **mirato per ogni fascia oraria**.

La mattina puoi benissimo puntare sulle colazioni, pause caffè, pranzi veloci e poi magari la sera offrire un menù veloce, semplice ma gourmet o puntare sugli aperitivi cenati.

Invece di utilizzare quei prodotti preconfezionati che fanno bene solo al fatturato della Gaviscon , utilizzate prodotti a KM0 e puntate sulle carte vincenti del vostro territorio.

Ogni week-end potrai scegliere di ospitare qualche azienda agricola locale che in cambio di un po' di esposizione e contatti , potrebbe sponsorizzarvi qualche forma di formaggio, salume, miele, olio, vino da integrare nell'aperitivo cenato.

Basta un'affettatrice, un menu valido e materie prime di **ottima** qualità, per cominciare a fare panini gourmet con un ricarico soddisfacente.

Dove sta scritto che il cibo che ti preparano al bar, è sempre il meno colorato, il più sbiadito e scadente?

Organizza dei piccoli eventi

Un'altra idea vincente è quella di creare piccoli eventi musicali accompagnati con la giusta gamma di prodotti.

Se per esempio ospitate una piccola band alternative, è più consono creare un evento con birre artigianali e ristorazione veloce con prodotti di qualità, se create un piccolo evento jazz forse è più consono utilizzare vini e taglieri di prodotti locali, se l'evento è di musica elettronica, allora con i cocktail andrete alla stragrande. Insomma ci sono tanti buoni motivi per non finire come quei locali vuoti dove ogni tanto qualche vecchio scoreggione ti rompe una sedia di plasticaccia.

Sopratutto se avete il locale in provincia o periferia, organizzare eventi, potrebbe essere la soluzione all'evaporazione della gente verso locali leggermente più organizzati del vostro. Se organizzate un evento per i giovani del vostro paese, periferia o piccola cittadina ,ci sono dei punti a vostro favore:

l'alcol e i drink in generale costano meno da voi e sono pure più buoni, rispetto a quelli di una comunissima discoteca

non ci sono biglietti di ingresso

non si spendono soldi in benzina

non si rischia un incidente o la sospensione della patente per essersi fatti 2 bicchieri

Per organizzare un evento come si deve e trascinare più persone possibili, avete 2 strumenti indispensabili da usare, create gratuitamente, una locandina dell'evento con www.canva.com e inserite l'evento su facebook, dove pubblicherete la locandina, la data e il programma o menù della serata.

Quando organizzate un evento dovete tenere a mente alcune cose:

qual'è il target di riferimento?

qual'è l'evento più indicato per il target scelto? (non organizzerei una gara di freestyle con nonnine di 90 anni e neppure un concorso letterario se i clienti vostri hanno tra i 18 -30 anni, vestono urban e solitamente si radunano al vostro bar prima di decidere in quale discoteca andare)

che prodotti offrire ai clienti che partecipano all' evento?

c'è bisogno di ordinare merce "fuori inventario" o di aiuti extra da parte dei dipendenti?

Organizzare eventi , anche se piccoli, ha dei costi. Sopratutto agli inizi, quando non sai quanta gente parteciperà, è facile sbagliarsi sui quantitativi di vivande da preparare in anticipo. Inoltre non sempre si è nella posizione di pretendere ,di punto in bianco, d' esser pagati per qualcosa che solitamente date gratis con quasi ogni drink consumato dalle 18 alle 23, quindi **via le solite patatine e noccioline**.

Più li avete abituati bene, coccolati e viziati durante i giorni normali, più vi dovete impegnare a dare valore aggiunto in questi eventi. La clientela deve capire che partecipare a questi eventi è bello, si sta in buona compagnia e sopratutto, se si portano amici , si fa sempre una bellissima figura.

Ogni gruppo di clienti ha un leader, ma tutti sono importanti, vi spiego perché!

Far fare bella figura ai clienti abituali, che portano gente nuova, automaticamente vi porterà nuovi clienti. Esempio: Tizio porta Caio ad un locale che conosce e che sa di fare bella figura. Caio rimane soddisfatto e fa i complimenti a Tizio. Il sabato successivo, Tizio torna come sempre con nuovi amici e Caio torna con parte della sua solita compagnia di amici. La rete sociale di Tizio e Caio si allarga e continuano a portare carne fresca nel vostro locale e molto probabilmente lo faranno fino a quando non si stuferanno. A volte, frequentano il vostro locale per settimane , mesi, poi spariscono e li rivedete con una carovana di gente nuova.

In quel periodo di assenza, ogni persona che è venuta per la prima volta nel vostro locale con TIZIO o con CAIO, è tornata almeno 3 volte con gruppi misti di persone delle 2 vecchie compagnie e un buon 30% di carne fresca, mai venuta al tuo locale. Questo è solo un esempio per farvi capire che non bisogna mai trascurare nessun cliente. Tutti vogliono portarvi qualcuno se si trovano bene.

La formula matematica della qualità, ecco come funziona.

Quando avete un locale fresco di apertura, è facile avere per i primi 90 giorni un turbo di popolarità, il problema poi è giocarsi bene le carte con la qualità. Si parla sempre di qualità al singolare, ma sarebbe bene distinguerla in 3 categorie diverse. Questo ci aiutoad esaminare e capire dove intervenire , dove dobbiamo migliorare e indirizzare gli investimenti.

La popolarità del vostro locale dipende da un mix di questi fattori:

qualità effettiva del servizio, locale, prodotti,clientela

qualità apparente del servizio, locale, prodotti,clientela

qualità percepita del servizio, locale, prodotti, clientela

Qualità effettiva:

La Q.E. è il livello vero e proprio di qualità di tutto il vostro locale e deve essere sempre alla pari, se non superiore al livello della qualità percepita e apparente.

Proprio oggi mi è capitato un esempio valido di qualità effettiva scarsa e qualità apparente elevata. Sapete cosa succede ? Al 100% il cliente si sente truffato e potrebbe non tornare più e farvi pubblicità negativa. Tra poco te lo racconto.

Qualità apparente:

La Q.A è la qualità che riesco a capire prima di consumare , attraverso l'uso dei sensi. Della serie, vedo una cosa bella e automaticamente penso che sia anche buona e la ordino. Oppure nel menù c'è un panino con un nome accattivante e una bella foto, lo ordino solo in base a queste informazioni.

Qualità percepita (sesto senso):

La qualità percepita, non ha nulla a che vedere con le informazioni che riceviamo dai nostri organi sensoriali. La qualità percepita è l'effetto emotivo che l'essere in quel posto ci crea. Come quando diciamo che "a pelle" una persona non ci piace, poi magari cambiamo idea.

Ora torniamo a quello che mi è successo stamattina, e che magicamente è l'esempio perfetto per far capire il discorso delle qualità.

Stamattina sono andato a prendere la colazione, per mia moglie e figli, all'unico bar aperto nel week-end di ferragosto. Scelgo subito dei bellissimi saccottini al cioccolato giganti e gonfi, cosparsi di un abbondante strato di zucchero a velo, con le gocce fuse di cioccolato che uscivano dalle estremità, come una colata di lava fusa solidificata. La qualità apparente e quella percepita erano altissime, sembravano proprio usciti da una pasticceria artigianale, ma una volta a casa, ho scoperto che erano dei semplici cornetti congelati, che hanno passato troppo tempo al forno e avevano abbondato appositamente con lo zucchero a velo per coprire lo strato nero sulla loro superficie carbonizzata.

Quindi per ricapitolare **MI SON SENTITO PRESO IN GIRO.**

Ora però, sentirsi presi in giro, non è un dato standardizzato da poter evitare o replicare in qualsiasi circostanza o da spiegare in un libro come questo, quindi ho messo a puntino una formula per farvi capire come funziona il discorso sulla qualità.

QUALITÀ TOTALE = (QUALITÀ PERCEPITA + QUALITÀ APPARENTE) x QUALITÀ EFFETTIVA

quindi i saccottini erano (10+9)x0 = 0 (Una merda!)

Ora, essendo del settore, ho capito che il bar dove ho preso le colazioni, essendo l'unico aperto nel raggio di 4 km, oggi era particolarmente sovraccarico di lavoro e hanno deciso di abbondare con lo zucchero a velo su un' infornata di 10-15 saccottini usciti male.

Oggi quel bar ha perso l'unica occasione che aveva per sedurre la clientela che frequenta solitamente gli altri bar della zona perché era l'unico aperto.

Chi non avesse mai frequentato quel bar avrebbe cominciato la sua esperienza con:

cavolo è aperto anche nelle festività e ponti!

c'è un ampio parcheggio che gli altri non hanno

il personale è di bella presenza e ha l'aspetto molto professionale

il locale sembra uscito da una rivista di interior design della ristorazione c'è il doppio della scelta di paste, sono più grandi, assaggiamo questi saccottini

ah, ecco.. sono carbonizzati, domani torno al bar di "Mario" e gli faccio fare due risate.

Come potete vedere, stava andando tutto benissimo, e per non buttare 40 centesimi di saccottino, hanno avuto in omaggio 1000 euro di pubblicità negativa. Un affare no?

Ora vi faccio un altro esempio , per farvi capire che quello che conta è la qualità totale.

L'esempio di prima era un locale top, prodotti visivamente invitanti ma ingannevolmente coperti con lo zucchero a velo, quindi per me la qualità totale di oggi è stata ZERO.

Ora, se vi dicessi che io la mattina scelgo di fare colazione in un bar vicino lo show room dei banconi che disegno e, che il bar in questione è stato arredato almeno 40 anni fa, che i titolari e i figli parlano solo di Salvini, cosa pensereste? E se aggiungessi il fatto che ogni mattina, prima del primo caffè e cornetto in questo bar, faccio 1 ora di macchina? Pensereste che sono matto.

Vi descrivo subito l'esperienza, come se fosse la prima volta che entrate in quel bar:

È in un incrocio pericoloso e per entrare nel parcheggio bisogna fare una mossa azzardata entrate e vedete un arredamento pesantissimo agli occhi, di almeno 40 anni fa

sul retrobanco si vede una celtica in lamiera appesa come un crocifisso

i cornetti sono esposti in una teca vecchia di plexiglass

vieni servito da un bodybuilder di 40 anni che si sta preprarando il bibitone proteico con il frullatore

A primo impatto, senza aver consumato, l'idea è abbastanza negativa giusto? Immaginatevi la scena.

Invece finita la colazione:

I cornetti provenivano da un laboratorio con forno a legna sperduto per le campagne e sono i più buoni che abbia mai mangiato, si sente proprio ogni singolo strato dell'impasto e la parte esterna è sottile ma croccante

il padre è il trasportatore di una nota torrefazione della zona e si sentiva che avevano la migliore miscela del brand

le arance delle spremute le porta sempre un collega del padre, direttamente dalla Sicilia

le paste speciali, erano dei dolci tipici abruzzesi e se le facevano portare da un notissimo laboratorio artigianale, uno di quelli che quando ci passi, sai che devi riportare qualcosa a casa

Nonostante la celtica e i discorsi su Salvini, ho trovato delle persone molto affabili e sincere

Prezzi molto bassi, ma pagherei anche di più senza pensarci su

Ora, questo bar, ha come punto di forza la qualità dei prodotti che vende. Una qualità che secondo me ti aspetteresti in una caffetteria per ricchi, invece è un bar immerso tra vigneti e qualche complesso artigianale.

Ogni mattina che faccio colazione in quel bar, tiro dritto a diversi bar che frequento quando lavoro vicino casa, e passo:

il bar dove ci sono delle bellissime bariste

il bar dove avrei la colazione gratis

il bar della stazione di servizio dove anche con 10 euro di carburante, avrei cornetto e caffè omaggio

il bar degli imprenditori dove si fanno le amicizie giuste

un' infinità di altri bar a cui nemmeno penso di andarci mai perché sono lungo la strada nazionale , senza parcheggi e dovrei mettere la freccia e parcheggiare il mio suv ingombrante con almeno 20 automobili che aspettano dietro e che stanno facendo tardi a lavoro (tenetelo a mente per la scelta della location).

Come rovinare la qualità dei prodotti in un secondo

Una famosa citazione dice che siamo la media delle 5 persone che frequentiamo . Niente di più maledettamente vero!

Questo vale anche per i prodotti di qualità che servite ai clienti , che siate caffetteria, hamburgeria, cocktail bar, è indifferente.

Se io sono un cliente medio e per puro caso, ordino un vino della carta e me lo servite accompagnato da quei cosi in salamoia che sembrano stati presi con le mani da un barile e buttati in quelle ciotoline che si usano per gli psicofarmaci delle cliniche private dei figli di papà, con il calice sbagliato e oltretutto opacizzato da 15.000 lavaggi con prodotti scadenti, come cliente medio, che non ci capisco neppure un tubo di vino, ma volevo far intendere il contrario, cosa devo pensare?

Un vino che mi fanno pagare 8-12 euro a calice, non me lo possono servire allo stesso modo del vino da 1 euro al calice che si beve Franco il Pecoraro, lui si fa 30 bicchieri da 1 euro al giorno, io ne voglio uno ma fatto bene!

Un vino del genere, ma anche qualsiasi prodotto di una fascia leggermente superiore, andrebbe servito in un modo migliore. Quale sarebbe la migliore scelta da fare in questo caso? Pensateci bene.

La scelta migliore sarebbe: servire quel vino con un calice migliore e accompagnato da un pezzetto del Formaggio di Franco. Sono 20 anni che è fisso al tuo bar la sera e non gli hai mai comprato neppure un grammo di formaggio, inoltre, quel formaggio è veramente di ottima qualità, perché non farti fare un buon prezzo, in cambio di pubblicità, per inserirlo tra gli aperitivi, panini, specialità fredde della casa e magari, se avete anche la cucina a norma, in primi e/o secondi?

Complimenti, avete appena fatto una scelta WIN WIN in cui vincono tutti !

Ora, avete appena scoperto che molti clienti vostri producono qualcosa, Magari troverete apicoltori locali disposti a lasciarvi un vaso di miele con dosatore e qualche biglietto da visita da visita da lasciare in cassa.

Oppure rinnovate il locale e un vostro cliente vi fa uno stucco artistico impeccabile, secondo voi, se gli fate una buona pubblicità , dov'è che verrà spesso a fare pausa-pranzo con i dipendenti o con nuovi potenziali clienti?

Quando si realizza un sito internet, google identifica la qualità del sito anche in base ai link esterni che portano al vostro sito e dei link del vostro sito che portano altrove. La stessa cosa deve accadere nel vostro locale, non so se ci avete fatto caso, di solito i bar più frequentati son pieni di biglietti da visita, mentre le hall degli hotel hanno degli angoli dove pubblicizzano tutto quello che accade nella città , negozi tipici, ristoranti ecc ecc. Questo perché ,se durante la vacanza , partecipo ad uno di quegli eventi esterni all'hotel e rimango soddisfatto, molto probabilmente tornerò in vacanza li e consiglierò agli amici dove pernottare e cosa visitare.

Obiettivo di un locale, molto importante, è quello di fare rete con le realtà esterne e diventare anche un punto di riferimento.

Ogni attività ha uno scopo segreto

Oltre ad offrire qualità, come ho detto prima, ci sono alcune cose molto interessanti da valutare per impostare al meglio il vostro locale. Che sia bar, cocktail bar, pub, discoteca o pizzeria , non importa. Ogni locale ha uno scopo segreto che appare solo ai professionisti del settore.

Come per esempio la più famosa catena di fast food americana, quella con il pagliaccio. Lo scopo primario potrebbe sembrare quello di fare soldi vendendo panini e patatine, invece è tutt'altro!

Lo scopo primario è la speculazione immobiliare e farsi pagare dalla gente un affitto per stare 30 minuti in quel locale, il panino e le patatine sono come le noccioline che servite gratis assieme alla birra.

Per bar, ristoranti ecc ecc, lo scopo primario che vuole farvi intendere la clientela è quello che viene da voi solo per la qualità del servizio e dei prodotti. Questo è vero, ma è l'altra faccia della medaglia.

Il vero motivo per la quale si scelgono i locali TOP , è per avere esposizione o per rifugiarsi per qualche minuto dalla quotidianità.

Nessuno vuol farsi vedere al top, in un locale flop e in un mondo governato da selfies e hashtags , farsi la foto giusta, nel locale giusto con in mano il prodotto giusto e con la gente giusta è quello che cercano quasi tutti i frequentatori seriali di locali IN.

Fortunatamente non tutti i locali vengono frequentati da questa gente, ed è anche giusto ,che certa gente ,paghi un cappuccino 6 euro, solo per farsi un selfie e mostrare al mondo un'immagine adulterata di se stessa.

Altri locali hanno diversi scopi segreti ,ma quasi tutti in base all'esposizione. Alcuni vanno forte perché il target ricerca un'alta esposizione , altri funzionano per il contrario, il cliente cerca un'oasi protetta dove non essere esposta alla società e alla quotidianità, almeno per 5-10 minuti.

Non a tutti piace mettersi in bella vista (fortunatamente). Un normale bar di quartiere o di una zona residenziale-lavoro-spesa-shopping ,per esempio, deve permettere ad una persona normale, senza esibizionismo patologico, di avere un'ottima colazione, senza rotture di scatole e senza preoccuparsi di che aspetto ha mentre addenta una bomba alla crema. Lo scopo segreto di questi bar, anche se il titolare non lo sa, è quello di fare da pit-stop a tutti i lavoratori,studenti,casalinghe che conducono una vita frenetica e stancante. L'obiettivo principale è quello di esser lasciati tranquilli, farsi 2 risate se possibile e poi tornare fuori ai propri doveri e oneri.

Quelle poche persone super esibizioniste che frequentano questi bar tranquilli, vengono prese per il culo da dipendenti, clienti e titolari, della serie :- Oh, hai visto quella?du' labbra che pareva un ornitorinco!Farà sicuramente la mantenuta- - No, Pina , ti sbagli, lavora per la deLonghi!- A si? E che fa la scaldaca**i?-. Boato in sala da parte di casalinghe, colf e badanti che scappuccinano.

(purtroppo, questo discorso non è frutto della mia fantasia e ammetto di aver riso anche io)

qual'è lo scopo segreto della tua attività

cosa cercano veramente i clienti del tuo locale?

Il flusso di clientela com'è? Tanti clienti singoli o vengono con amici parenti e colleghi?

Il tasso di soddisfazione della clientela com'è? Tornano o tornano perché ci siete solo voi e andrebbero volentieri nel prossimo bar che apre?

A quale ora fate più vendite e quindi siete appetibili per la clientela di quella fascia oraria?

A quale ora fate la fame ,mentre i locali vicini sono pieni? (ottimo spunto di riflessione per capire per quale target di clientela siete invisibili).

Attività con location a passaggio forzato e la storia del barista che fece il big money con la chiusura degli stabilimenti produttivi.

Ovviamente non si può fare lo stesso ragionamento per attività in posti che sono di passaggio forzato, per esempio quei bar-tabacchi che sono all'interno delle stazioni ferroviarie, snodi forzati della metropolitana e magari il bar universitario o dell'ospedale. Li non si ragiona a Target, li si fanno i volumi con tutta quella gente, chi capita capita. Ancora non mi risulta di qualcuno che la mattina si alza e dice :- Oibò, quasi quasi andrei a prender un caffettino al bar dell'ospedale civile di Pescara-

Quelli son altri tipi di format ,hanno puntato il 110% sulla location e hanno migliaia di persone l'ora che gli camminano davanti. É vero che in parte sono avvantaggiati rispetto al baretto di quartiere, ma è anche vero che bisogna esser baristi, tabaccai,bigliettai e giornalai a livello agonistico per tutto il tempo e dare il 110% delle prestazioni fisiche e mentali.

Lavorare con lentezza in questi casi, vuol dire perdere centinaia di vendite al giorno. Fateci caso, una vendita dura secondi: biglietto , gomme, sigarette, bottiglietta d'acqua , un caffè al volo e 40 secondi dopo sei ai tornelli.

Lo stesso vale per i bar delle piccole stazioni ferroviarie in direzione della grandi città o zone industriali.Per quest'ultime, voglio fare un esempio di storia di successo molto singolare:

Nel Basso Lazio, zona da cui provengo in origine, c'erano dei bei fabbriconi dispersi nelle campagne. Il fato vuole, che proprio li c'era un piccolo baretto che lavoricchiava già discretamente perché la gente prima o dopo i turni in fabbrica, passava per un caffè , sigarette ecc ecc.

Ci fu un lungo periodo di scioperi perché incominciarono a chiudere qualche stabilimento, gli operai occuparono gli stabilimenti, fecero proteste, veglie , insomma quel bar si ritrova a dover sfamare migliaia di persone al giorno per svariati mesi. Ha saputo cogliere l'opportunità, ha incrementato notevolmente l'inventario e le scorte , ha fatto lavorare tutti i famigliari contemporaneamente, e insomma, l'anno dopo, girava come se avesse vinto la lotteria, macchinone, villone e una rimessa con trattori da centinaia di migliaia di euro, perché aveva investito nel vecchio lavoro. Appena chiusero gli stabilimenti definitivamente, ridimensionò il setup del bar e tornò a lavorare meno dei vecchi tempi, unica differenza , aveva i soldi fitti ed è diventato uno dei più grandi coltivatori di cereali del Lazio.

Il principio di BAR-ETO, la regola di Pareto per Baristi

Il principio di Pareto dice che il 20% delle cause genera l' 80% degli effetti, che tradotto nel vostro bar o locale significa:

il 20% dei tuoi clienti del giorno genera l'80% del fatturato quotidiano

il 20% dei tuoi prodotti è nell' 80% delle ordinazioni

il 20% dei tuoi fornitori rappresenta l' 80% dei tuoi acquisti

nel 20% della tua giornata lavorativa hai l'80% delle rotture di scatole

nel 20% della giornata hai consumato l'80% del quantitativo giornaliero di caffè

il principio di Pareto è illuminante e viene applicato ormai in tutti i settori, ed è utile familiarizzare con esso perché ci fa capire al meglio come muoverci.

Trovare il luogo giusto per aprire

Non tutti i bar e locali sono uguali, ogni bar vive in un ecosistema tutto suo e le regole cambiano da habitat ad habitat. Per questo motivo è molto importante scegliere il luogo giusto per aprire il vostro bar o locale notturno, piccola ristorazione ecc ecc.

Sono 3 le strade da prendere:

Avere un'idea di locale ben precisa e trovare il luogo giusto per il tuo locale di nicchia

Scegliere un posto con un'ottima esposizione e afflusso di persone e adeguarsi alla clientela con una proposta completa ma generica

Aggredire il mercato aprendo vicino uno o più locali della tua stessa tipologia ma offrire un servizio migliore , scelta per veri professionisti.

Altri preferiscono rilevare un locale già avviato, non cambiano un virgola e puntano al reddito regolare della vecchia gestione, che quasi sempre non vale i soldi spesi.

Molte volte, quando mi viene chiesto di progettare un bar completo o un piccolo locale mono-prodotto, specializzato per esempio in panini gourmet, o un bistrot specializzato in vini e formaggi, capita che il cliente abbia fatto una buona ricerca su come realizzare il miglior prodotto e servizio per quella categoria, però non riesce a decollare perché alcune zone hanno un bacino di potenziali clienti, residenti e gente di passaggio, troppo variegato ed eterogeneo. In questo caso ha più successo un bar generico impostato su tutti i servizi che magari un locale di nicchia, per esempio, specializzato in centrifugati di frutta e verdura.

I locali "speciali" o di nicchia, a mio avviso, andrebbero aperti in aree dove il territorio è già saturo di tutte le tipologie standard di locali e dove, grazie a tutti questi locali aperti, c'è già un discreto afflusso di potenziali clienti.

Ma ora torniamo con i piedi per terra e parliamo di come va trovato il posto ideale per aprire il vostro locale.

Analisi del territorio per il posto perfetto

aprire un locale, in particolare un bar, è un'attività in cui si fanno pochi euro a vendita, quindi **è un'attività che punta ai volumi**.

Per puntare ai volumi, bisogna posizionare la nostra scialuppa in un mare o corso d'acqua pieno di pesci.

Possiamo allestire il miglior bar del mondo, vincere anche premi per il design,il menu innovativo, il premio del miglior barista dell'anno, ma se ci posizioniamo in una zona dove non passa nessuno o in una città fantasma, è molto probabile che tra 6 mesi chiudiamo i battenti.

La posizione è l'elemento fondamentale di questa tipologia di attività e prima di impazzire per la ricerca di arredi, fornitori, personale da assumere, prestiti o leasing, sarebbe meglio investire intelligentemente del tempo alla ricerca dell'area più redditizia possibile e focalizzare la mente nelle aree che abbiamo studiato attentamente.

Non dobbiamo per forza aprire nel centro di New York o trasferirci a Berlino per avere successo. A volte è meglio usare il cervello e vi farò qualche esempio di bar di periferia che fanno più incassi di quelli in centro.

Prima di tutto, ricordiamoci che siamo in Italia e che ,nonostante tutto, le cose cambiano più velocemente di quello che si pensa.

Per questo motivo, la prima cosa che devi tenere a mente, **non fare debiti a lunghissima scadenza** prima di aver tastato bene le acque.

Ora facciamo finta di cercare un posto per un normalissimo bar che punta sulle colazioni e che siamo disposti ad aprirlo nel raggio di 20 Km senza alcun problema.

L'obiettivo primario è trovare un posto dove c'è la maggior affluenza di persone durante la mattina, e cosa fa la gente di mattina?

Accompagna i figli a scuola

Va a lavoro

Va alle poste o in banca

mette benzina o compra le sigarette

Va a farsi le analisi del sangue

Porta al parco i figli in età prescolare

Fa le file agli uffici sanitari ed enti amministrativi

Va all'università

Va a fare shopping o al mercato rionale

Aspetta il treno, bus, metropolitana

va a messa o a qualche celebrazione (la domenica , se avete una chiesa vicino ringrazierete il Signore anche voi, per tutti i clienti che vi ha portato)

Il posto ideale, è quello che è vicino a più mete mattutine dei luoghi che vi ho appena elencato. Quando avrete una lista dei potenziali locali da prendere in affitto, dovete poi valutare quello con più **rendita passiva di nuovi clienti.**

Ricapitolando, se avete trovato un posto difronte ad un parco pubblico, con la scuola elementare di fianco, l'asilo a 100 metri e aggiungiamoci anche un centro estetico e una Chiesa nei paraggi ,avrete lavoro garantito tutti i giorni dell'anno. Nel periodo scolastico lavorerete moltissimo con colazioni e ricreazioni dei bambini e poi avrete un'altra buona finestra di guadagni il pomeriggio, quando si portano i bambini al parco e i genitori chiacchierano tra loro e si offrono il caffè a vicenda mentre fanno fare merenda ai propri figli.

Nel periodo delle vacanze estive, lavorerete leggermente di meno, ma ricordate che c'è sempre la chiesa nei paraggi, i fedeli vanno a messa, le spose arrivano sempre con 2 ore di ritardo e il parco, in alcune ore del giorno, è l'unico posto ombreggiato del vostro quartiere.

L'impostazione ideale per un locale, fronte-parco e con un bacino di potenziali clienti composto da quei

300-400 genitori che portano i figli a scuola, è proporzionale ai parcheggi disponibili tra le scuole e il vostro bar.

I parcheggi sono importanti, più genitori parcheggiano e più colazioni farete, se vedete che la tendenza è quella di scaricare i figli davanti la scuola dopo che è suonata la campanella, avete una sola strategia per obbligarli a farli entrare nel vostro bar: **offrire il servizio di consegna delle ricreazioni.**

Se cominciate a raccogliere le ordinazioni delle ricreazioni con consegna diretta alla scuola, i genitori tenderanno ad accompagnare i figli leggermente in ritardo, farli entrare subito, trovano parcheggio e con la scusa della merenda per i figli, si fanno una bella colazione assieme agli altri genitori.

Ormai, essendo padre di 2 figli e con in arrivo il terzo, so come funzionano queste dinamiche e con il lavoro che faccio, il bar adiacente alle scuole, fa le scintille dalle 7.50 alle 9.15 poi consegna le ricreazioni mentre finisce di servire le colazioni fino le 10.30 ai residenti e a gente in pausa caffè.

Il bar in questione è circondato da tanti altri bar, ma ha dei punti cruciali a favore che gli altri non hanno:

accessibile sia a piedi che con la macchina

circa 80 posti auto attorno alla scuola

pergotenda 4 stagioni per accogliere più clienti possibili

servizio al tavolo

anche se non è una pasticceria, ha una vetrina da pasticceria fornitissima di paste, pasticcini e altri prodotti di ottima qualità che prende da laboratori artigianali

personale professionale e con una divisa da lavoro

titolare molto simpatico che sorride sempre

patatine, gomme e caramelle ad altezza bambino (mossa scorretta ma in questo locale è molto redditizia)

bagno pulitissimo a tutte le ore

tutti i prodotti sono di OTTIMA qualità

l'arredo è in buono stato, sedie comode e tavolini spaziosi e ben distanziati tra loro

Ora, quel che voglio farvi capire è che non c'è bisogno di inventare per forza qualcosa di nuovo e innovativo, con tutti i rischi che comporta. Basa avere un ottimo spirito di osservazione, capire perché un locale funziona alla grande e cercare di replicare lo stesso format altrove, ma in circostanze simili, ovvero :

scuola

parco

chiesa

Questa è la triade degli elementi più sicuri. Se aprite nei pressi di una fabbrica, come sapete, la fabbrica potrebbe mandare tutti a casa tra qualche anno, se aprite in una zona calda della movida, tra qualche anno potrebbe non essere più di moda , invece le scuole , i parchi e le chiese sono li da sempre e lo saranno per ancora tanto tempo.

Questo ovviamente se puntate sulle colazioni e al servizio di caffetteria.

Se state aprendo un cocktail bar, allora questi sono posti che dovete evitare. Nessuno si ferma a farsi un cocktail prima di portare i bimbi a scuola o dopo che è uscito dalle poste alle 9.30 di mattina. Tanto meno voi sareste aperti a quell'ora con una tipologia di locale del genere.

Se puntate alla vita notturna, cocktail e consumazioni nella fascia oraria aperitivo/cena ,allora dovete assolutamente piazzarvi nei maggiori centri di aggregazione tardo-pomeridiano o serale.

Dovete fare la stessa analisi che si è fatta prima per il locale delle colazioni.

Dove va la gente di sera, sopratutto durante i week-end?

La gente prima di tutto non va direttamente in un posto e se lo fa, è perché va diretta in un buon ristorante, ma difficilmente torna direttamente a casa, prima si fa un bel bagno di folla e racconta a tutti che è stato in quel bellissimo ristorante.

Bisogna individuare l'area della movida che accomuna:

chi si ritrova li per passare la serata fino alla fine

chi si ritrova li nel frattempo che si raduna la comitiva e si decide cosa fare tutti insieme

chi si ritrova li dopo esser stato a cena fuori, per non terminare subito la serata

chi si fa solo una passeggiata, vede che aria tira, consuma qualcosina e poi torna a casa.

Generalmente sono corsi e piazze le zone di passaggio dove c'è più affluenza di persone la sera. Ora avete due opportunità:

aprire un locale e sfruttare quel punto in comune che hanno tutte le persone che escono di sera in quella determinata area.

Aprire qualcosa di più importante , nei paraggi , ma anche a 20 -30 minuti di macchina da quell'area di aggregazione ed essere lo scopo della serata di molte di quelle persone che si stavano aggregando nel corso, tra un drink, una mezza cena e un po' di relazioni sociali.

Se aprite in uno dei centri di aggregazione del territorio, cercate di entrare prepotentemente nella piazza e partire subito offrendo più degli altri. Se scegliete di aprire un locale di nicchia più grande, un pub, o qualcosa simile, trovate una zona che sia a 20 minuti da diversi centri di aggregazioni serali e magari vicino qualche svincolo di raccordo , superstrada, autostrada ecc ecc.

Per quanto riguarda i locali grandi, come mega-pub , discoteche , grandi birrerie, penso sia meglio non introdurle in questo libro, perché è un altro mondo.

Già accostare bar con cocktail bar, bistrot, piccole tavole calde e localini mono-prodotto di nicchia è complicato per dispensare consigli universali.

Per analizzare meglio un'area, un po' di sano spionaggio industriale, può aiutare nell'analisi del territorio. Indossate un cappottino alla ispettore Derrick e tenetevi pronti per il prossimo capitolo.

Facciamo un po' di sano spionaggio industriale

Prima di aprire un bar, sarebbe bene esaminare come lavorano gli altri locali, che prodotti trattano, quali marche spingono e ,con l'aiuto di un commercialista abbastanza scaltro, è possibile anche vedere il fatturato dichiarato l'anno precedente. Tutto quello che dovete fare è andare nei bar un paio di volte, possibilmente dopo le ore di punta e cercate di tenere a mente tutto quello che notate.

Obiettivo **finale** è ottenere lo **scontrino da analizzare**.

La prima domanda da porvi è : **cosa posso replicare di questo bar?**

Guardatevi bene intorno e cercate di sbirciare se ci sono marchi e loghi strani su delle scatole dietro al bancone, magari in un vassoio nella vetrina oppure se si intravede il nome di qualche laboratorio artigianale, forno o catering locale da contattare. Se i cornetti non sono di loro produzione ma sono di qualità superiore e palesemente non sono congelati, dovete trovare a tutti i costi il nome del laboratorio , ma difficilmente sarà scritto da qualche parte.

A volte sono davvero bravi, i titolari, a nascondere la fonte dei loro ottimi prodotti, però i dipendenti un po' meno e capita di vedere, nel retro del locale, il bidone della carta strapieno dei packaging che cercavamo. Lo stesso discorso vale se un pizzaiolo vuole capire che farina,condimenti, mozzarella utilizza un concorrente che gli sta dando filo da torcere.

Se proprio non riuscite a ottenere nessuna informazione, passiamo al piano B, **mentire**:

Alla cassa, dite che siete dei rappresentanti di prodotti per forni e pasticceria, roba di attrezzature, e chiedete se conoscono qualche laboratorio artigianale da visitare oggi, dite che ,siccome generalmente sono persone che lavorano di notte e dormono di giorno, hai difficoltà a fare nuovi contatti e che hai provato a vendere su internet ma è una carneficina.

Se siete stati abbastanza convincenti molto probabilmente ti verrà fatto l'elenco totale dei fornitori tattici, quelli delle paste, dell'ottimo pane, dei panini e dei rustici degli aperitivi.

Se proprio non riuscite a cavare nessuna informazione, ne con lo spirito d'osservazione ne con l'inganno, allora , da bravi detective, avete bisogno **di informatori.**

Rappresentanti e fornitori

Rappresentanti e fornitori sono la scelta numero uno. Sopratutto i rappresentanti , hanno il difetto di parlare troppo, è proprio il loro dono, il problema è che sanno anche cosa guardare e se ne conoscete uno, non è proprio difficile ricevere informazioni gratuite sui prodotti da bar tattici, i migliori forni, la torrefazione che lavora meglio e quella che lavora peggio.

I rappresentanti è bene tenerseli stretti , ma è meglio farli stare lontani dal nostro deposito, cucina/laboratorio. Anzi, se per puro caso avete trovato una ditta che vi ha progettato e prodotto il bancone ad un prezzo veramente buono, toglierei anche la targhetta del produttore. Non è bello indicare alla concorrenza dove risparmiare per aprire affianco a voi!

Avere un bar, ripeto, è una guerra. C'è chi vince e c'è chi perde, chi ci prova e chi ci riesce.

Qualche rappresentante, un fornitore che ha bene in mente il quadro del territorio e le tendenze della concorrenza, sono degli ottimi alleati, ma ricordate che parlano anche con gli altri gestori.

Quindi, cercate di usare questo fatto a vostro vantaggio.

Raccogliamo Scontrini

Una volta appurato la qualità dei prodotti, è ora di fare anche la prova del nove e testare di quanti pesci è popolato il mare. La prima cosa da fare e che è nell' Abc di ogni "avviatore seriale" di bar , locali commerciali ecc ecc, è quello di passare in tardo pomeriggio e collezionare scontrini fiscali da più bar possibili della zona. Quello che ci interessa di uno scontrino, è la partita iva e intestazione per fare magari qualche ricerca online o da passare ad un commercialista che ci può dire ,effettivamente, quanto ha guadagnato quel bar l'anno precedente, in più **ci serve sapere l'orario e il numero progressivo dello scontrino**, ovvero numero di vendite in quel determinato momento della giornata.

Per leggere uno scontrino non bisogna essere dei geni, molto spesso c'è o un asterisco e poi un numero o la siglia SF e poi il numero , oppure, diverse serie di numeri separate da uno spazio o trattino, in questo caso, la serie di estrema destra è il numero progressivo dello scontrino.

Quindi se in un bar che serve sopratutto colazioni, alle 10.31 di mattina avete uno scontrino con scritto SF 0236 e supponendo che siano tutte colazioni singole (per non esagerare) moltiplichiamo per 2.50 Euro e abbiamo un minimo di incasso approssimativo di 590 Euro.

Se invece vogliamo calcolare i consumi di caffè, c'è una regola empirica che consiglia di moltiplicare il prezzo di un caffè per 2.20, visto che il caffè si beve singolarmente oppure si offre a 2-3-4- persone.

Prendi spunto dai menù locali e di tutto il mondo

Ora che avete la vostra cartelletta con fascicoli per ogni bar che andrete ad analizzare, manca un ultima cosa per avere veramente il quadro della situazione. Una fotografia del menù , se state adocchiando bar che fanno anche un minimo di ristorazione o che propongono cocktails.

In questo caso è fondamentale sapere sia cosa servono, quali sono le specialità e i prezzi. Date uno sguardo a tutto, mi raccomando. Certo, se hanno un sito internet con il menù esposto, evitate di farvi scoprire. Ricordate che state facendo tutto ciò per migliorare la media qualitativa dei locali di zona. Non aprite mica per abbassarla! Altrimenti fame assicurata.

Anche su internet, cercate i menù dei locali di tutto il mondo, potreste trovare un'impostazione vincente oppure il vostro futuro cavallo di battaglia. Cercate cosa servono i locali a Londra, Berlino, Praga, New York e trovate l'ispirazione.

Non abbiate paura di uscire dagli schemi.

I locali che vanno forte ora in Italia , sono quelli aperti da ragazzi che hanno lavorato in locali di tendenza all'estero e hanno replicato quello che hanno visto e imparato, ne di più ne di meno, che vi pensate. Anche gli arredi, secondo voi come siamo passati dal legno massello, marmo e mensole in vetro a fare banconi in stile industrial con legno scuro venato e ferro nero cotto o smerigliato?o i banconi Minimal?

Come siamo arrivati a mangiare il Pulled Pork o gli Hamburger gourmet con carni e materie prime selezionate?

In italia l'hamburger era quello con la sottiletta e il pane scadente industriale, ora tutti i fornai sanno come fare i Buns (panini morbidi degli hamburger) meglio di quelli che trovereste negli USA.

Questo è un mondo in cui i menù e i cibi passano i confini e si adattano alle popolazioni. Bisogna aggiornarsi continuamente, per questo nei campionati di cocktail , pizze , gelati , vincono sempre le innovazioni e le cose che fondono più culture contemporaneamente.

Non si è mai visto un barman vincere il concorso mondiale con uno Spritz o un Lambrusco e gassosa.

La tendenza del caffè, oltre al classico espresso che in Italia è un'identità intoccabile, è quella della Latte Art assieme dolci speciali, come cheesecake, muffin , brownies ma anche alta pasticceria italiana.

Come ho detto prima, trovate degli ottimi fornitori o attrezzatevi con un laboratorio interno al locale. È l'unico modo per bruciare la piazza alla concorrenza.

Arredare per guadagnare

Ogni giorno ho a che fare con persone che mi contattano sia per nuove aperture che per rinnovare arredi ormai esausti e progettati come se fossero gli unici bar nel raggio di 5 km.

Adesso, come ben sapete, aprono bar in continuazione e realizzare un locale con un'impostazione errata, vi farà chiudere dopo aver schiumato per mesi.

Ci sono alcune caratteristiche fondamentali che deve avere un bancone per combattere al meglio la guerra dei bar.

Non deve indebitarvi per un lungo periodo

Deve essere lineare e funzionale

Deve saper esporre i prodotti intelligentemente

Deve avere un'impostazione ibrida e non necessariamente essere adatto solo per un settore

Non smetterò mai di dirlo, di bar che aprono con un'idea ben precisa e che non hanno bisogno di stravolgere il loro indirizzo per adeguarsi ai tempi, ce ne sono veramente pochi.

Può succedere che aprite una caffetteria a stampo americano incentrato su cheesecake e altre americanate del genere, e la gente comincia a venire a fiotti solo per quei 2 hamburger che avete messo nel menù ma su cui non puntavate affatto.

All'improvviso ,il vostro locale diventa un diner in stile americano e si riempie solo di sera, se avete abbastanza spazio in cucina, per poterci inserire frytop, friggitrice, un forno a convenzione e un 4 fuochi, allora cambiate tempestivamente formula, aggiornate il menù e, il prodotto iniziale, su cui contavate di diventare popolari, diventerà il dessert.

Cosa voglio dire con questo, che bisogna aprire un locale ed impostarlo ,sin da subito,in modo da poter da facilitare e non limitare l'evolversi delle cose.

So che molti di voi, vorrebbero aprire una semplice caffetteria in stile italiano, ma se contate su questo e, molto probabilmente ,realizzate un bancone semplice che non punta ad esporre nulla, qualche cornetto in una teca appoggiata sul bancone e 2 tramezzini mosci in una vetrina a ripiani mezza vuota, nel giro di 1 anno avrete il locale sottodimensionato alle aspettative del mercato e incapace di rispondere al fuoco dei concorrenti vicini, che magari si stanno organizzando anche per far mangiare i clienti.

Ripeto ancora, **aprire un bar ora è entrare in guerra!**

Chi prende questo aspetto alla leggera, assaporerà presto il sapore della sconfitta.

Un banco ad angolo, crea sempre un'immagine di prestigio

Cercate di fare un banco ad angolo, a forma di L, riesce a dare un aspetto prestigioso anche alle linee di banconi più semplici ed economiche. Ricordate che l'importante è che il banco sia funzionale e predisposto con i tecnologici giusti.

facilità nel passare dal bancone alla cucina

Una cosa da non sottovalutare è il percorso che bisogna fare dalla cucina al bancone e dal bancone alla cucina, sopratutto se in alcuni momenti, lo stesso personale che serve al bancone, si deve assentare per servire le pietanze che sono pronte in cucina, o peggio ancora, se deve preparare qualcosa di veloce da far mangiare ai clienti.

L'ideale sarebbe avere un passaggio da dietro al bancone alla cucina. Anche se non preparate nulla ma avete un catering o laboratorio artigianale che vi porta praticamente tutto, è meglio dare l'idea di dover preparare qualcosa in cucina o laboratorio, che dover tirar fuori il vassoio del catering dal bancone.

facilità di accedere alle scorte in magazzino

Anche il magazzino deve essere a portata di mano, non è che se finiscono le birre, dovete andare nello scantinato. Lo scantinato va bene ma per tenere la madre di tutte le scorte, per lavorare bene basterebbe una doppia parete dopo il cartongesso del retro banco o del laboratorio.

Inoltre, pensate anche alla vostra schiena, e se potete, attrezzatevi con delle scaffalature, quelle che si usano nei magazzini, e mettete i prodotti pesanti ad un'altezza che non richiede di abbassarsi e i prodotti ultraleggeri in basso.

avere in magazzino un scorta già refrigerata

Un altro trucco sarebbe quello di avere un modulo refrigerato con sportelli maggiorati ma leggermente meno profondi, in modo che non dobbiate chinarvi totalmente per cercare i prodotti da servire, adesso ci sono tecnologici studiati appositamente per avere tutto a portata di mano , senza che dobbiate cercare i funghi porcini sotto il bancone, quando un cliente vi chiede un succo di frutta al melograno.

Per migliorare la perfomance di tutti i refrigerati a disposizione dei clienti e per evitare che rovistino in un espositore appena riempito di bottiglie nuove, la bottiglia più fresca, pensate di tenere in magazzino, cucina o laboratorio ,un grosso frigo di quelli economici ma professionale, sempre carico, e le bibite a temperatura ambiente le andrete mettere solo li dentro e quelle fredde le togliereste da li e le andrete ad inserire nei moduli del bar.

Ogni volta che un espositore o modulo refrigerato da bar viene aperto e chiuso , il motore soffre , figuriamoci se lo andate a riempire all'improvviso con 40 birre calde prese dal magazzino.

Ovvio che per gestire il locale in questo modo, bisogna trovare il giusto locale, con il giusto spazio utilizzabile per queste facilitazioni. Però standardizzando in questo modo, i dipendenti lavorano meglio, i clienti avranno sempre prodotti alla temperatura giusta e fate sforzare i motori del frigorifero da combattimento , che costa massimo 1 euro per litro di capacità.

standardizzazione dei formati forno-frigo-vetrina-preparazione

Il bar è il primo scalino della piramide della ristorazione, per continuare ad essere competitivi, abbiamo capito che bisogna evolversi e magari adottare qualche pietanza, qualche drink fatto a dovere, panini di un certo livello e non la classica stozza con la cotoletta , insalata moscia e pomodoro anemico.

Presto avrete a che fare con la preparazione di nuovi prodotti per la clientela e l'unica cosa che potrebbe remare contro al vostro successo è la disorganizzazione e il disordine in cucina o laboratorio.

Dovendo fare spesso spola tra bancone, cassa e cucinino, avere tutto in ordine è un dovere. Chi di voi che ha già lavorato nel settore della ristorazione veloce, sa benissimo che la chiave del successo è la standardizzazione e adottare gli stessi formati, sia per tenere le materie prime in frigorifero, sia per esporre i prodotti finiti nelle vetrine e sia per stoccare i vostri semilavorati nel congelatore, frigo, dispensa.

Il mondo della ristorazione per tutto ciò ha adottato il formato GATRO-NORM (GN), e viene usato per produrre contenitori, vassoi, vaschette , teglie per la gastronomia.

Si possono acquistare sia in acciaio che in plastica alimentare, con coperchi, senza coperchi e il bello di questa semplificazione è che sono interscambiabili e li userete nel frigorifero, nelle vetrine, nei tavoli di preparazione, nei porta-condimenti e nei forni.

Quindi nella vetrina a drop in ci entrano per esempio 4 piani GN 1 oppure 8 GN ½ 16 GN ¼ e un mix dei vari formati, se la vetrina è a pozzetto, la sera potete trasformarla in un comodo modulo cocktail utilizzando magari diverse vaschette e quando non servono più, mettete i coperchi e portate tutto in frigo. **La semplicità prima di tutto.**

I formati standardizzati sono 2 : il GN che vi ho appena spiegato e il TN che si utilizza sopratutto in pasticceria.

Poi vi elencherò come impostare sia un laboratorio solo per i freddi che una piccola cucina essenziale ma molto funzionale.

differenziare la parete del retro banco da quella della sala

Un modo per valorizzare qualsiasi bancone, anche quello più economico e semplice, è quello di giocare con i contrasti di colore attraverso la scelta di texture , stucchi artistici, piastrelle particolari, pietre o semplicemente la scelta di un colore di contrasto. Io consiglio di applicare una vernice magnetica speciale che fa anche da lavagna e di contattare un artista o tatuatore per scrivere in maniera bella il menù della settimana.

Lo stesso bancone messo davanti una banale parete bianca non rende appieno come quando si posiziona davanti una parete che contrasta con il resto dell'ambiente.

Questa è una miglioria che costa veramente poco e fa sembrare il vostro bancone, appena uscito da una rivista di design.

La regola empirica che abbiamo noi produttori di arredo per la ristorazione sulle pareti del retrobanco è : **più scuro o più colorato è , meglio è.**

Un altro consiglio che vi posso dare è quello di non esagerare con le mensole e prodotti esposti su di esse e di promuovere in questo modo solo i prodotti più venduti e 2-3 prodotti di fascia alta.

A mio avviso vende di più un piccolo monitor con video o slide di prodotti della casa che un mucchio di bottiglie mangia-polvere.

minimizza le attrezzature in comodato

So benissimo che in fase di apertura, avere più cose in comodato d'uso ci aiuta moltissimo e ci fa risparmiare migliaia di euro, però a volte entro in bar dove è tutto in comodato d'uso, anche il bancone e poco ci manca che anche il water abbia il logo della torrefazione o del distributore di bevande.

Per quando riguarda il caffè, se la torrefazione vi da una buona macchina per il caffè e macina-caffè, non ci vedo nulla di male, per il resto è meglio non contrattare, perché se mettono l'insegna esterna con il loro logo, sono loro che vi devono pagare e non voi. Più attrezzature avete in comodato e più alto sarà il prezzo delle forniture. Se potete fate un leasing per l'acquisto di un'ottima macchina per caffè espresso sarete liberi di acquistare il miglior caffè in circolazione al prezzo più basso. In alternativa contattate un centro di riparazioni macchine espresso e fatevi consigliare per un buon usato , revisionato da loro e con garanzia.

Altra cosa a cui dovete dire no, se non volete essere messi alla pari del peggior bar di paese, sono quei tavolini di plastica, sedie orrende e ombrelloni matti con impressi il logo dei gelati o delle bevande.

Una sedia di design in polipropilene che regge 150kg costa massimo 30 euro, un tavolino per esterni pure non vi manderà falliti e un ombrellone per esterni come si deve, magari di quelli curvi 3mx3m darà un look accattivante anche sull'area esterna del locale.

Il retro banco che vende

I tecnologici da bar hanno fatto passi da gigante e al contempo, i clienti sono diventati sempre più pigri e non si sforzano nemmeno più di cercare le cose esposte nei ripiani bassi delle vetrine.

Io personalmente non faccio allestire più , retro-banchi totalmente neutri, ma inserisco sempre una parte refrigerata con sportelli in vetro e acciaio satinato e retro-illuminazione a LED, proprio per sbattere le vostre carte migliori davanti la visuale del cliente che fa l'ordinazione al banco.

Tutto ciò che ha un retro nel bar, compresa la barista, è la cosa su cui , statisticamente, gli occhi della clientela poggiano gli occhi per più tempo.

Avere i prodotti ben in vista tra il retro-banco refrigerato espositivo e la vetrina, fa si che i clienti ottengano familiarità con la vasta gamma di prodotti che avete da offrire . In questo settore, quello che non si vede, non si vende.

Se volete che i clienti ordinino qualcosa di diverso dalle classiche bevande che hanno tutti, dovete sbatterglielo in faccia! Questa dei retro-banchi espositivi retroilluminati a LED è una cosa che ho portato io, sono stato uno dei primi a richiedere gli sportelli vetrati ai produttori di semilavorati tecnologici da bar, e vedo con grande piacere che piano piano, avendo arredato centinaia di bar in questo modo, molti clienti vengono già con quest'idea in mente.

Modulo della macchina caffè tassativamente in acciaio inox

Mi riferisco al mobile che serve a mantenere all'altezza giusta l'elemento più importante del bar, La macchina del caffè. In gergo tecnico si chiama modulo caffè ed è da preferire totalmente in acciaio inox per tantissimi motivi. In muratura o realizzato in legno, come se fosse un mobile qualsiasi è da evitare ,a meno che non ci siano dei grossi problemi di spazio, per esempio è capitato di dover mettere il gruppo del caffè in una nicchia al muro di 80 cm e siccome i moduli caffè hanno misure standard che partono da 1 metro a 3.5 metri, ho dovuto disegnare e realizzare un mobile apposito su misura.

Il problema di questi materiali è che sono teneri e a lungo andare, vapore, calore e il peso steso della macchina, usureranno visibilmente quell'elemento, rovinando anche l'esperienza stessa di prendere un buon caffè.

Altro motivo per la quale va scelto in acciaio è perché sotto vengono alloggiate la macchina del ghiaccio e il lava-tazzine e prima o poi può succedere che ci sia qualche problema idraulico basta che ci sia una piccola perdita sulla parte posteriore di queste macchine, che vi giocate metà del retro-banco.

Poi non nego che l'acciaio lucido, ha una sua attrattiva e valorizza anche la macchina espresso più semplice del mercato.

Quella è anche l'area del bancone che riceve più urti e colpi, basta solo considerare a tutte le botte che prende la tramoggia batti-caffè. Quindi a mio avviso, lasciate perdere altri materiali al di fuori dell'acciaio.

tavoli e sedie sufficientemente distanti tra loro

Uno degli errori più comuni delle nuove aperture è che riempiono la sala di tavoli e sedie, pensando che più sedie ci sono e più clienti entrano. È bene esser forniti del numero massimo di sedie e tavoli che si possono disporre in sala o nello spazio esterno, ma è inutile fasciarsi la testa prima di rompersela disponete prima il tutto in modo che si siano posti a sedere a sufficienza, occupatevi anche di arredare la parte esterna del locale se possibile e sperimentate diverse disposizioni.

Un piccolo trucco è quello di creare dei gruppi modulari composti da tot tavoli, sufficientemente distanziati tra loro, in modo che i clienti possano scegliere di occupare un tavolo in un'area più o meno distante dagli altri.

I tavoli hanno la larghezza ideale di 70 cm e consiglio di fare il ripiano uguale al frontale del bancone e di utilizzare una pesante base centrale in ghisa con il piede quadrato.

Le sedie, come ho detto prima, prendetele di design e in polipropilene, che reggono anche 150kg, possibilmente impilabili e con lo schienale che permette di appendere una borsa.

Una buona sedia di design non è per forza cara, se ne trovano di belle e solide anche a meno di 30 euro.

Su ogni tavolo, ricordate di mettere tovaglioli e il menù, anche se siete un bar, la gente deve sentirsi di essere come al ristorante.

Quando è meglio evitare gli sgabelli

Gli sgabelli sono belli, fa pure rima, ma in questo periodo storico sarebbe da limitarne l'uso e vi spiego subito il perché.

Lo sgabello fa molto saloon del far west, ed è nell'immaginario collettivo del bar o locale dove si beve. Però è anche vero che i cowboy portavano pantaloni a vita alta , mentre ora, con la moda odierna, se ci sediamo davanti al bancone su degli sgabelli, la gente in sala vede una sfilza di sorrisi verticali. Inoltre, la gente anziana gli sgabelli li snobba perché ha difficoltà. Qualche sgabello potrà esser messo intelligentemente per far poggiare le borse alle signore, quando il locale non è affollato. Tenete anche in conto, che se mettete uno sgabello davanti al vostro bellissimo bancone laccato lucido, prima o poi ve lo danneggiano.

Guida alla scelta dei materiali e finiture del bancone

Una volta i banchi bar si realizzavano interamente in legno rivestito di acciaio perché era l'unico materiale resistente all'acqua che non ossidava. Adesso le cose sono cambiate, ci sono materiali tecnici speciali con cui si rivestono i piani da lavoro che li rendono più resistenti dell'acciaio, sopratutto ad ammaccature e a graffi dovuti alla loro pulizia.

Prima fare un bar, comportava, l'intervento di un architetto che progettava il bancone e disegnava separatamente quello che doveva costruire sul posto la squadra di falegnami, quella di vetrai, marmisti,fabbri e in fine si chiamava un frigorista per collegare il motore ad una carcassa metallica realizzata sul posto. Poi le cose si sono leggermente evolute, ancora non erano usciti i materiali speciali che potevano sostituire l'acciaio e ancora non c'erano dei tecnologici completi da inserire in un bancone, ma nacquero i primi banchi grezzi, e bisognava chiamare solo un falegname per attaccare un pannello estetico e il frigorista per collegare il motore.

Adesso le cose sono ulteriormente cambiate, esistono tecnologici a buon mercato appositi per l'industria dei banconi e le ditte , come la mia, hanno pantografi con braccia robotizzate che fanno tutte le lavorazioni, su tutti i materiali , basta progettare bene il bar con un 3D e mettere in produzione i componenti.

Fare un bar una volta costava 70-80 milioni delle vecchie lire, ora lo stesso bar si riesce a realizzare con 18.000 euro.

Per la parte tecnica, si usano materiali sviluppati appositamente per il settore e ci sono materiali da usare come piano da lavoro che resistono di più dell'acciaio agli acciacchi del tempo(sono gli stessi materiali che si usano per fare gli interni delle imbarcazioni di lusso) , mentre per la parte estetitca ci sono i laminati per tutti i gusti e che riproducono fedelmente tutti i tipi di materiale, dalla pietra al legno venato, al corten e chi più ne ha più ne metta.

In alternativa, si può rimanere fedeli al vecchio legno laccato, lucido o opaco, ma a mio avviso è meglio sfruttare le finiture moderne e di tendenza.

Quest'ultima evoluzione ha portato l'industria dell'arredo commerciale a produrre ottimi prodotti ,affiancati da tecnologici di alta qualità, a prezzi tali che ,aprire un bar, è diventato accessibile a tutti. Forse è anche questa una delle cause per la quale stanno aprendo continuamente nuovi locali.

troppi prodotti in esposizione = confusione

Molti baristi tendono ad esporre troppa merce a vista, molta della quale ha incassi che valgono meno delle noccioline date in omaggio con ogni 66 cl di brodaglia.

Un consiglio che mi sento di dare è quello di valutare, di questi prodotti, quanti valgono veramente lo spazio che occupano e se 10 centesimi di caramella valgono gli strilli e le urla dei bambini a cui viene detto di no. Valutate e riducete al minimo indispensabile tutte quelle schifezze colorate in quei orribili cartoncini e magari decidete di tenere qualcosa alla cassa e magari patatine vicino le colonne frigo. Il prodotto principale che deve scegliere la clientela è o esposto in vetrina o viene fatto sul momento dietro al bancone o in cucina. Punto e basta. È l'unico modo per far capire che puntate sulla qualità, e mi raccomando, le vetrine sempre piene, la gente quando vede pochi prodotti distanziati da un enorme vuoto, non viene stimolata a comprare. Si mangia prima con gli occhi e una vetrina sempre bella carica invita all'azione.

l'importanza delle vetrine e quali scegliere

Come ho detto poco fa, una vetrina sempre bella carica e con la merce disposta in modo gradevole, invita all'acquisto. L'abbondanza istiga la condivisione e molto probabilmente se avete diverse varietà di biscotti, paste, muffin ecc ecc, una persona è invogliata a farsi fare un vassoio da portare a casa propria, ai figli, agli amici, ai propri dipendenti o colleghi in ufficio ecc ecc.

Far capire che avete sempre la vetrina piena è un'ottima strategia di marketing, ma se avete una vetrina espositiva sovradimensionata e magari a più ripiani, diventa una strategia molto costosa.

Quindi, quali vetrine scegliere?

Il problema delle vetrina è il seguente:

la gente vuole sempre la vetrina piena e vuole vedere anche le prove del ricambio, inoltre, è pigra e se avete una di quelle vecchie vetrine snack piccole ma con tanti ripiani, non andrà oltre a quello che si vede a prima vista, senza chinarsi.

Per ottemperare a questa cosa, sia noi, che l'intera industria del settore , promuoviamo l'utilizzo di vetrine ad un piano unico direttamente sul piano del bancone e realizziamo la parte vetrata in modo da far consumare caffè e bibite, direttamente sopra i prodotti che propone il locale, e da quando gli si sbatte tutto sotto al naso, il cliente è tornato a comprare.

Questa tipologie di vetrine utilizzano i formati che vi ho detto prima, i GN, con 150 cm si hanno 4 teglie GN allineate. l'ideale sarebbe avere una bancalina unica di servizio in vetro, divisa in scomparti con 150 cm di vetrina fredda, 100 di vetrina neutra predisposta per eventuale termo-piastra, così evitate di usare anche quelle bruttissime teche in plexy per i cornetti, che opacizzano e rendono i prodotti per nulla invitanti.

La vetrina calda per le paste, teoricamente viene utilizzata solo in alcune regioni d'Italia, quindi se da voi i cornetti si mangiano a temperatura ambiente, mettete tutto nella vetrina neutra.

Per disporre al meglio i cornetti in una vetrina neutra a piano unico, consiglio di usare dei vassoi lunghi e stretti e di fare una fila per ogni tipologia di cornetto o pasta, stessa cosa anche per gli altri prodotti,una volta terminata una fila , la si sostituisce con una nuova piena e vedrete che le vetrine avranno sempre un aspetto invitante.

Come allestire un laboratorio e cucina

L'unico modo per proporre qualità è quello di sfruttare un mix di prodotti preparati da voi con materie prime locali, qualcosa preso da catering e forni di qualità e farne delle varianti con semilavorati. Per esempio, se prendete degli ottimi cornetti dalla pasticceria o da un forno che fa un ottimo lavoro, potete farcirli con pasta di nocciole, di pistacchio, confettura e magari guarnirli con granella, panna ecc ecc, questo conferirà al prodotto finito un gusto e un aspetto veramente gratificante sia per voi che per il cliente.

Evitate di comprare il pane industriale e accordatevi con un forno locale per avere tutti i giorni quello che vi serve. Stessa cosa per gli ingredienti dei panini, ora che avete il miglior pane possibile, non potete comprare quei cubi di spalla cotta che chiamano prosciutto o quei formaggi paraffinati fatti con latte in polvere. Affidatevi a delle aziende locali, vi ricordate Franco il pastore?

A volte, i prodotti locali artigianali costano meno di quelle schifezze che prendete al cash & carry e quelle poche volte che costano di più ne vale veramente la pena. Ora che avete delle ottime materie prime, potete anche proporre ai clienti una cosa che non avreste mai fatto con quei prodotti industriali, i taglieri con assaggi di prodotti tipici locali di qualità. Serviteli anche come accompagnamento per calici di vino o con l'aperitivo. La gente queste cose le nota. E se gli altri gli danno le noccioline dello zoo e quello schifo di mais soffiato piccante, con qualche oliva in salamoia di scarsa qualità, prima o poi la voce si sparge e farete finalmente capire agli altri chi è il re o la regina della piazza!

Ora torniamo al discorso del laboratorio, scusate ma quando penso a tutte quelle cose buone che sono in italia, alle aziende agricole che sono costrette a svendere le eccellenze e poi penso a tutta quella merda che danno come accompagnamento agli aperitivi ai bar, mi sento male.

Allora, carissimi lettori, se volete fare un laboratorio/cucina per il vostro locale, senza spendere una fortuna e senza rinunciare a nulla ecco cosa vi serve:

-forno a convenzione ventilato economico 5- 10 teglie

-tavolo refrigerato dove tenete gli ingredienti freddi sotto e sul piano preparate

-saladette (cercate su google immagini) per preparare panini a livello agonistico

-affettatrice

-tavolo armadiato con sopra attrezzatura da cucina da banco (piastra liscia-rigata, almeno 2 fuochi, un piccolo cuoci-pasta e cappa)

-frigoriferi, congelatori a colonna e a pozzetto per cornetti congelati (prendeteli artigianali)

-montapanna da mettere vicino dove farcite i cornetti

-almeno 2 lavelli di cui uno solo per lavare frutta e verdura

-microonde appeso con staffe al muro

-piccoli elettrodomestici

-una vasta gamma di contenitori e teglie con rispettivi coperchi in formato GN

So che per molti potrà risultare esagerato l'allestimento di un cucinino o laboratorio e che in base alla metratura è facile che potrete preparare panini e cornetti e non cucinare, però è molto importante capire che il bar ormai fa parte del settore della ristorazione a pieno titolo.

Basta andare in Toscana, per vedere che ad ogni bar, a pranzo, si mangia proprio.

Se vivete in una regione dove tutto quello che consuma il cliente al bar lo fa terminare per ina o ino, tipo brioschina, paninettino, caffettino, biscottino, emigrate. Non son posti per far soldi con il cibo e il bere.

Conclusioni

spero di essere stato utile con la condivisione di questa guida, credo molto nella rivincita dei bar e dei piccoli locali di qualità, credo molto nelle tue capacità e soffro quando sento di persone che si sacrificano e non ottengono risultati. Sono convinto che aprendo la mente a nuove evoluzioni del classico formate del bar italiano, si possa ottenere ancora molte soddisfazioni e ritrovare piacere nel gestire un'attività del genere.

Ti ringrazio ancora per aver acquistato il mio libro e come ho promesso, per qualsiasi dubbio e consiglio mi tengo a tua disposizione.

Con affetto,

Tony Vitanova +39 366 22 88 032 oppure cercami su Facebook ed Instagram **tony.vitanova**

Grazie per l'attenzione e la fiducia.

www.ingramcontent.com/pod-product-compliance
Lightning Source LLC
Chambersburg PA
CBHW070807220526
45466CB00002B/573